世솅宗종御엉製졩訓훈民민正졍音흠

製졩는 글지ᅀᅳᆯ씨니 御엉製졩는 님금 지ᅀᅳ샨 그리라 訓훈은 ᄀᆞᄅᆞ칠 씨오 民민ᄋᆞᆫ 百ᄇᆡᆨ姓셩이오 音흠ᄋᆞᆫ 소리니 訓훈民민正졍音흠ᄋᆞᆫ 百ᄇᆡᆨ姓셩 ᄀᆞᄅᆞ치시논 正졍ᄒᆞᆫ 소리라

國귁之징語ᅌᅥᆼ音흠이

國귁ᄋᆞᆫ 나라히라 之징ᄂᆞᆫ 입겨지라 語ᅌᅥᆼᄂᆞᆫ 말ᄊᆞ미라

나랏 말ᄊᆞ미

異잉乎ᅘᅩᆼ中듕國귁ᄒᆞ야

異잉ᄂᆞᆫ 다ᄅᆞᆯ씨라 乎ᅘᅩᆼᄂᆞᆫ 아모 그에 ᄒᆞ논 겨체 ᄡᅳ논 字ᄍᆞᆼㅣ라 中듕國귁ᄋᆞᆫ 皇ᅘᅪᆼ帝뎽 겨신 나라히니 우리 나랏 常썅談땀애 江강南남이라 ᄒᆞᄂᆞ니라

中듕國귁에 달아

與영文문字ᄍᆞᆼ로 不붏相샹流륳通통ᄒᆞᆯᄊᆡ

與영ᄂᆞᆫ 이와 뎌와 ᄒᆞ논 겨체 ᄡᅳ논 字ᄍᆞᆼㅣ라 文문ᄋᆞᆫ 글와리라 不붏ᄋᆞᆫ 아니ᄒᆞ논 ᄠᅳ디라 相샹ᄋᆞᆫ 서르 ᄒᆞ논 ᄠᅳ디라 流륳通통ᄋᆞᆫ 흘러 ᄉᆞᄆᆞᄎᆞᆯ씨라

文문字ᄍᆞᆼ와로서르ᄉᆞᄆᆞᆺ디아니ᄒᆞᆯᄊᆡ

故공로愚ᅌᅮᆼ民민이有ᅌᅲᇢ所송欲욕言언

ᄒᆞ야도 故공ᄂᆞᆫ 젼ᄎᆡ라 愚웅ᄂᆞᆫ 어릴 씨라 有웋ᄂᆞᆫ 이실 씨라 所송ᄂᆞᆫ 배라 欲욕ᄋᆞᆫ ᄒᆞ고져 ᄒᆞᆯ 씨라 言언ᄋᆞᆫ 니를 씨라

이런 젼ᄎᆞ로 어린 百ᄇᆡᆨ姓셩이 니르고져 ᄒᆞᇙ 배 이셔도

而ᅀᅵᆼ終즁不ᄇᆞᇙ得득伸신其끵情쪙者쟝ㅣ多당矣ᅌᅵᆼ라 而ᅀᅵᆼᄂᆞᆫ 입겨지라 終즁ᄋᆞᆫ ᄆᆞᄎᆞ미라 得득ᄋᆞᆫ 시를 씨라 伸신ᄋᆞᆫ 펼 씨라 其끵ᄂᆞᆫ 제라 情쪙ᄋᆞᆫ ᄠᅳ디라 者쟝ᄂᆞᆫ 노미라 多당ᄂᆞᆫ 할 씨라 矣ᅌᅵᆼ

ᄂᆞᆫ :말ᄆᆞᆺᄂᆞᆫ 입겨지라

ᄆᆞᄎᆞᆷ:내 제 ᄠᅳ·들 시·러 펴·디 몯ᄒᆞᇙ 노·미 하·니·라

予ᅌᅧᆼㅣ 爲ᅌᅱᆼ·此ᄎᆞᆼ憫민然ᅀᅧᆫ·ᄒᆞ·야 予ᅌᅧᆼᄂᆞᆫ ·내 ᄒᆞᅀᆞᆸ·시ᄂᆞᆫ ᄠᅳ·디시·니·라 此ᄎᆞᆼᄂᆞᆫ ·이·라 憫민然ᅀᅧᆫᄋᆞᆫ :어엿·비 너·기실 ·씨·라

·내 ·이·ᄅᆞᆯ 爲ᅌᅱᆼ·ᄒᆞ·야 :어엿·비 너·겨

新신制졩二ᅀᅵᆼ十씹八밣字ᄍᆞᆼ·ᄒᆞ노·니 新신

ᄂᆞᆫ 말ᄆᆞᆺ논 입겨지라

ᄆᆞᄎᆞᆷ:내 제 ᄠᅳ들 시러 펴디 몯:ᄒᆞᇙ 노미 하

니라

予영ㅣ 爲윙此ᄎᆞᆼ憫민然션ᄒᆞ야 予영ᄂᆞᆫ 내ᄒᆞᅀᆞᆸ

시논 ᄠᅳ디시니라 此ᄎᆞᆼᄂᆞᆫ 이라 憫

민然션은 :어엿비 너기실 씨라

내 이ᄅᆞᆯ 爲윙ᄒᆞ야 :어엿비 너겨

新신制졩 二ᅀᅵᆼ 十씹 八밣 字ᄍᆞᆼᄒᆞ노니 新신

ᄒᆞ야도 故공ᄂᆞᆫ 젼ᄎᆡ라 愚웅ᄂᆞᆫ 어릴씨라
有ᅌᅮᇢᄂᆞᆫ 이실씨라 所송ᄂᆞᆫ 배라 欲
욕ᄋᆞᆫ ᄒᆞ고져 ᄒᆞᆯ씨라
言언은 니ᄅᆞᆯ씨라

이런 젼ᄎᆞ로 어린 百ᄇᆡᆨ姓셩이 니르고

져 ᄒᆞᇙ배 이셔도

而ᅀᅵᆼ終즁不붏得득伸신其끵情쪙者쟝

ㅣ 多당矣읭라
而ᅀᅵᆼᄂᆞᆫ 입겨지라 終즁ᄋᆞᆫ
ᄆᆞᄎᆞ미라 得득은 시를씨
라 伸신ᄋᆞᆫ 펼씨라 其끵ᄂᆞᆫ 제라 情쪙은 ᄠᅳ
디라 者쟝ᄂᆞᆫ ᄂᆞ미라 多당ᄂᆞᆫ 할씨라 矣읭

ᄋᆞᆫ새라制졩ᄂᆞᆫᄆᆡᇰᄀᆞᄅᆞ실ᄊᆡ라二
ᅀᅵᆼ十씹八밣ᄋᆞᆫ스믈여들비라
새로스믈여듧字ᄍᆞᆼᄅᆞᆯᄆᆡᇰᄀᆞ노니
欲욕使ᄉᆞᆼ人신人신ᄋᆞ로易잉習씹ᄒᆞ야
便뼌於헝日ᅀᅵᇙ用용耳ᅀᅵᆼ니라使ᄉᆞᆼᄂᆞᆫᄒᆡ여ᄒᆞ논마
리라人신ᄋᆞᆫ사ᄅᆞ미라易잉ᄂᆞᆫ쉬ᄫᅳᆯ씨라
習씹ᄋᆞᆫ니길씨라便뼌ᄋᆞᆫ便뼌安한ᄒᆞᆯ씨
라於헝ᄂᆞᆫ아모그에ᄒᆞ논겨체ᄡᅳᄂᆞᆫ字ᄍᆞᆼ
ㅣ라日ᅀᅵᇙᄋᆞᆫ나리라用용ᄋᆞᆫᄡᅳᆯ씨라耳ᅀᅵᆼ
ᄂᆞᆫᄯᆞᄅᆞ미라
ᄒᆞ논ᄠᅳ디라

사ᄅᆞᆷ마다 ᄒᆡᅇᅧ 수ᄫᅵ 니겨 날로 ᄡᅮ메 便
뼌安한킈 ᄒᆞ고져 ᄒᆞᇙ ᄯᆞᄅᆞ미니라
ㄱᄂᆞᆫ 牙앙音ᅙᅳᆷ이니 如ᅀᅥᆼ君군ㄷ字ᄍᆼ初
총發벓聲셩ᄒᆞ니 並뼝書셩ᄒᆞ면 如ᅀᅥᆼ虯
끃ᄫᆞᆼ字ᄍᆼ 初총發벓聲셩ᄒᆞ니라 牙앙ᄂᆞᆫ 어미라
如ᅀᅥᆼᄂᆞᆫ ᄀᆞᄐᆞᆯ 씨라 初총發벓聲셩은 처ᅀᅥᆷ
펴아 나ᄂᆞᆫ 소리라 並뼝書셩ᄂᆞᆫ ᄀᆞᆯᄫᅡ ᄡᅳᆯ 씨
라

ㄱᄂᆞᆫ 엄쏘리니 君군ㄷ字ᄍᆞᆼ 처ᅀᅥᆷ 펴아
나ᄂᆞᆫ 소리ᄀᆞᄐᆞ니 ᄀᆞᆯ바쓰면 虯ᄁᆜᇢ봉字
ᄍᆞᆼ 처ᅀᅥᆷ 펴아나ᄂᆞᆫ 소리ᄀᆞᄐᆞ니라
ㄱᄂᆞᆫ 牙앙音음이니 如ᅀᅧᆼ快쾡ᅙ字ᄍᆞᆼ 初
총發벓聲셩ᄒᆞ니라
ㅋᄂᆞᆫ 엄쏘리니 快쾡ᅙ字ᄍᆞᆼ 처ᅀᅥᆷ 펴아
나ᄂᆞᆫ 소리ᄀᆞᄐᆞ니라

ㆁᄂᆞᆫ牙앙音흠이니如ᅀᅧᆼ業업字ᄍᆞᆼ初총
發벓聲셩ᄒᆞᄂᆞ니라
ㆁᄂᆞᆫ엄쏘리니業업字ᄍᆞᆼ처ᅀᅥᆷ펴아나
ᄂᆞᆫ소리ᄀᆞᄐᆞ니라
ㄷᄂᆞᆫ舌쎯音흠이니如ᅀᅧᆼ斗둫ᇢ字ᄍᆞᆼ初
총發벓聲셩ᄒᆞᄂᆞ니竝뼝書셩ᄒᆞ면如ᅀᅧᆼ覃
땀ㅂ字ᄍᆞᆼ初총發벓聲셩ᄒᆞᄂᆞ니라舌쎯은혜라

ㄷᄂᆞᆫ혀쏘리니斗ᄃᆞᇢ봉字ᄍᆞᆼ처ᅀᅥᆷ펴아
나ᄂᆞᆫ소리ᄀᆞᄐᆞ니ᄀᆞᆯᄫᅡ쓰면覃땀ㅂ字
ᄍᆞᆼ처ᅀᅥᆷ펴아나ᄂᆞᆫ소리ᄀᆞᄐᆞ니라
ㅌᄂᆞᆫ舌쎠ᇙ音ᅙᅳᆷ이니如ᅀᅧᆼ呑ᄐᆞᆫㄷ字ᄍᆞᆼ初
총發벓聲셩ᄒᆞ니라
ㅌᄂᆞᆫ혀쏘리니呑ᄐᆞᆫㄷ字ᄍᆞᆼ처ᅀᅥᆷ펴아
나ᄂᆞᆫ소리ᄀᆞᄐᆞ니라

ㄴᆞᆫ 舌쎯音음이니 如영那낭ㆆ字쫑初
총發벓聲셩ᄒᆞ니라
ㄴᆞᆫ 혀쏘리니 那낭ㆆ字쫑 처ᅀᅥᆷ 펴아
나ᄂᆞᆫ 소리 ᄀᆞᄐᆞ니라
ㅂᆞᆫ 脣쑨音음이니 如영彆볋字쫑初총
發벓聲셩ᄒᆞ니 竝뼝書셩ᄒᆞ면 如영步뽕
ㆆ字쫑初총發벓聲셩ᄒᆞ니라 脣쑨은 입시우리라

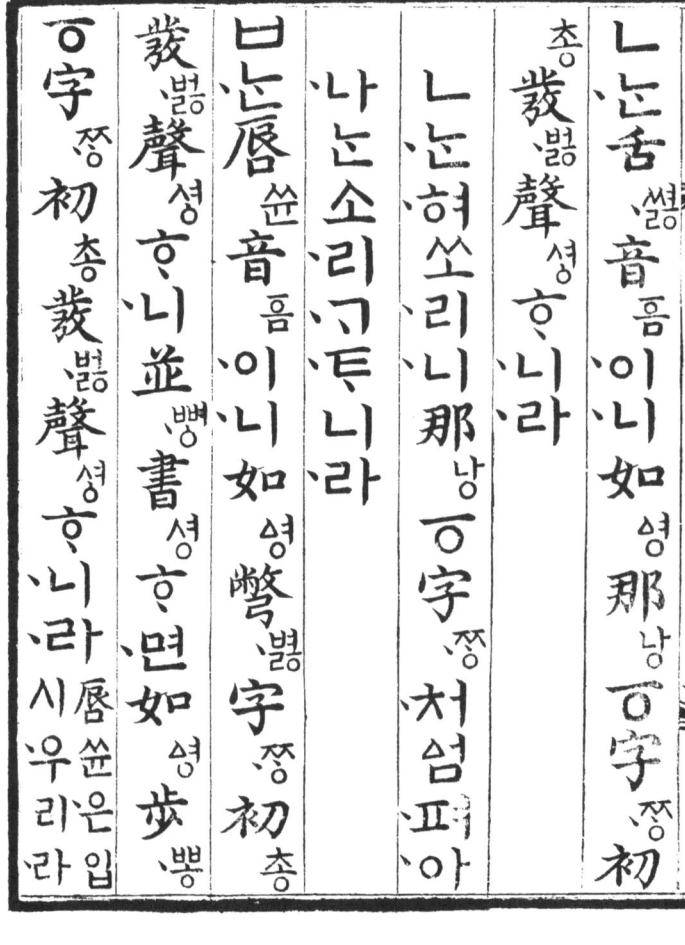

ㅂ는 입시울쏘리니 彆볋字ᄍᆞᆼ 처ᅀᅥᆷ 펴

아 나ᄂᆞᆫ 소리ᄀᆞᄐᆞ니 ᄀᆞᆯᄫᅡ 쓰면 步뽕ᅙ

字ᄍᆞᆼ 처ᅀᅥᆷ 펴아 나ᄂᆞᆫ 소리ᄀᆞᄐᆞ니라

ㅍ는 脣쓘音ᅙᅳᆷ이니 如ᅀᅧᆼ 漂푷字ᄍᆞᆼ 初

총 發벓聲셩ᄒᆞ니라

ㅍ는 입시울쏘리니 漂푷字ᄍᆞᆼ 처ᅀᅥᆷ

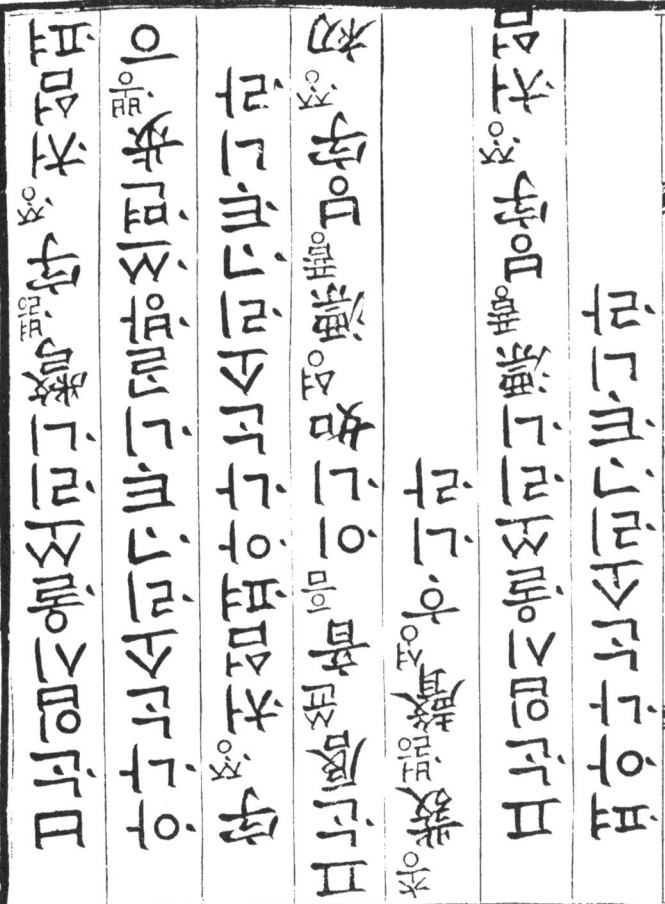

펴아 나ᄂᆞᆫ 소리ᄀᆞᄐᆞ니라

ㅁ는 脣쑨音ᅙᅳᆷ이니 如ᅀᅧᆼ彌밍ㆆ字ᄍᆞᆼ 初
총發벓聲셩ᄒᆞ니라

ㅁ는 입시울쏘리니 彌밍ㆆ字ᄍᆞᆼ 처ᅀᅥᆷ
펴아나는 소리ᄀᆞᄐᆞ니라

ㅈ는 齒칭音ᅙᅳᆷ이니 如ᅀᅧᆼ卽즉字ᄍᆞᆼ 初총
發벓聲셩ᄒᆞ니 並뼝書셩ᄒᆞ면 如ᅀᅧᆼ慈ᄍᆞᆼ
ㆆ字ᄍᆞᆼ 初총發벓聲셩ᄒᆞ니라 齒칭ᄂᆞᆫ 니라

ㅈ는 니쏘리니 卽즉字ᄍᆞᆼ 처ᅀᅥᆷ 펴아나
는 소리 ᄀᆞᄐᆞ니 ᄀᆞᆯᄫᅡ 쓰면 慈ᄍᆞᆼㆆ字ᄍᆞᆼ
처ᅀᅥᆷ 펴아나는 소리 ᄀᆞᄐᆞ니라
ㅊ는 齒칭音ᅙᅳᆷ이니 如ᅀᅧᆼ 侵침ㅂ字ᄍᆞᆼ 初
ᄎᆞᆼ發벓聲셩ᄒᆞ니라
ㅊ는 니쏘리니 侵침ㅂ字ᄍᆞᆼ 처ᅀᅥᆷ 펴아
나는 소리 ᄀᆞᄐᆞ니라

ㅅ는 齒칭音ᅙᅳᆷ이니 如ᅀᅧᆼ戌슗字ᄍᆞᆼ初총

發벓聲셩ᄒᆞ니 竝뼝書셩ᄒᆞ면 如ᅀᅧᆼ邪쌍

字ᄍᆞᆼ初총發벓聲셩ᄒᆞ니라

ㅅ는 니쏘리니 戌슗字ᄍᆞᆼ 처ᅀᅥᆷ 펴아나

ᄂᆞᆫ 소리 ᄀᆞᄐᆞ니 ᄀᆞᆯᄫᅡ 쓰면 邪쌍字ᄍᆞᆼ

처ᅀᅥᆷ 펴아나ᄂᆞᆫ 소리 ᄀᆞᄐᆞ니라

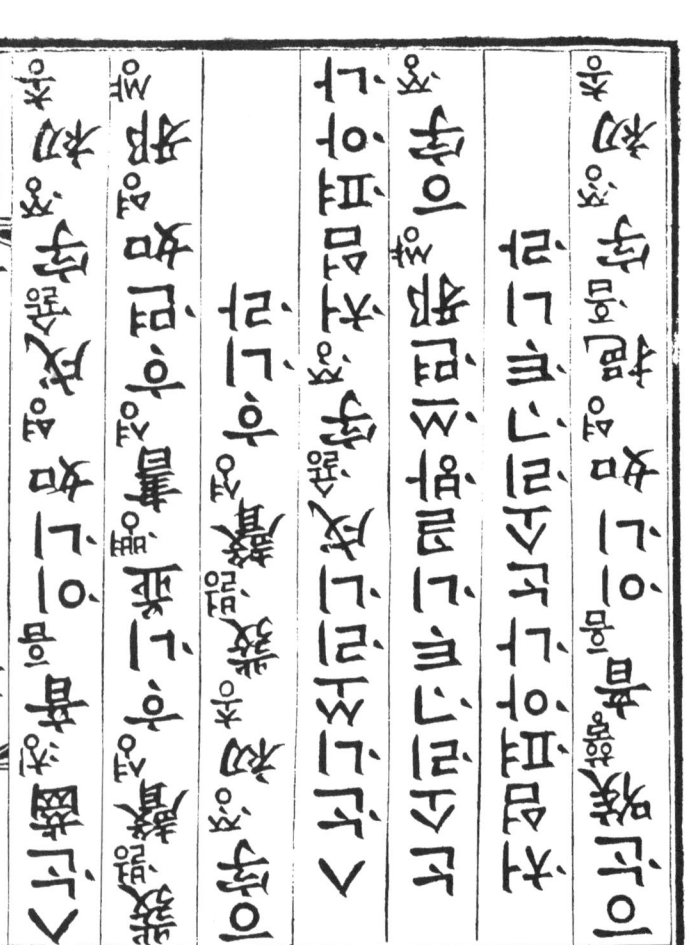

ㆆ는 喉ᅘᅮᇢ音ᅙᅳᆷ이니 如ᅀᅧᆼ挹ᅙᅳᆸ字ᄍᆞᆼ初총

發벓聲셩ᄒᆞ니라 喉ᅘᅮᇢ는 모기라

ㆆᄂᆞᆫ 목소리니 挹ᅙᅳᆸ字ᄍᆞᆼ 처ᅀᅥᆷ 펴아 나

ᄂᆞᆫ 소리 ᄀᆞᄐᆞ니라

ㅎᄂᆞᆫ 喉ᅘᅮᇢ音ᅙᅳᆷ이니 如ᅀᅧᆼ虛헝ㆆ字ᄍᆞᆼ初

총發벓聲셩ᄒᆞ니 竝뼝書셩ᄒᆞ면 如ᅀᅧᆼ洪

ᅘᅮᇰㄱ字ᄍᆞᆼ初총發벓聲셩ᄒᆞ니라

ㅎᄂᆞᆫ 목소리니 虛헝ㆆ字ᄍᆞᆼ 처ᅀᅥᆷ 펴아

나ᄂᆞᆫ 소리 ᄀᆞᄐᆞ니 ᄀᆞᆯᄫᅡ 쓰면 洪ᅘᅮᇰㄱ字
ᄍᆞᆼ 처ᅀᅥᆷ 펴아 나ᄂᆞᆫ 소리 ᄀᆞᄐᆞ니라
ㅇᄂᆞᆫ 喉ᅘᅮᇢ音ᅙᅳᆷ이니 如ᅀᅧᆼ欲ᅌᅭᆨ字ᄍᆞᆼ 初총
發벓聲셩ᄒᆞ니라
ㅇᄂᆞᆫ 목소리니 欲ᅌᅭᆨ字ᄍᆞᆼ 처ᅀᅥᆷ 펴아 나
ᄂᆞᆫ 소리 ᄀᆞᄐᆞ니라
ㄹᄂᆞᆫ 半반舌쎯音ᅙᅳᆷ이니 如ᅀᅧᆼ閭령ㆆ字

ᄍᆞᆼ初총發벓聲셩ᄒᆞ니라

ㄹᄂᆞᆫ半반혀쏘리니閭령ᇹ字ᄍᆞᆼ처ᅀᅥᆷ

펴아나ᄂᆞᆫ소리ᄀᆞᄐᆞ니라

ㅿᄂᆞᆫ半반齒칭音음이니如ᅀᅧᆼ穰ᅀᅣᇰㄱ字

ᄍᆞᆼ初총發벓聲셩ᄒᆞ니라

ㅿᄂᆞᆫ半반니쏘리니穰ᅀᅣᇰㄱ字ᄍᆞᆼ처ᅀᅥᆷ

펴아나ᄂᆞᆫ소리ᄀᆞᄐᆞ니라

ㆍᄂᆞᆫ 如셩呑ᄐᆫㄷ字ᄍᆼ中듕聲셩ᄒᆞ니라

中듕은 가온ᄃᆡ라

ㆍᄂᆞᆫ 呑ᄐᆫㄷ字ᄍᆼ 가온ᄃᆡᆺ소리ᄀᆞᄐᆞ니라

ㅡᄂᆞᆫ 如셩即즉字ᄍᆼ中듕聲셩ᄒᆞ니라

ㅡᄂᆞᆫ 即즉字ᄍᆼ 가온ᄃᆡᆺ소리ᄀᆞᄐᆞ니라

ㅣᄂᆞᆫ 如셩侵침ㅂ字ᄍᆼ中듕聲셩ᄒᆞ니라

ㅣ는侵침ㅂ字쯩가온딧소리ᄀᆞᄐᆞ니

라

ㅗ는如ᅀᅧᆼ洪ᅘᅩᆼㄱ字쯩中듕聲셩ᄒᆞ니라

ㅗ는洪ᅘᅩᆼㄱ字쯩가온딧소리ᄀᆞᄐᆞ니

라

ㅏ는如ᅀᅧᆼ覃땀ㅂ字쯩中듕聲셩ᄒᆞ니라

ㅏ는覃땀ㅂ字쯩가온딧소리ᄀᆞᄐᆞ니

라

ㅜ는 如ᅀᅧᆼ君군ㄷ字ᄍᆞᆼ中듕聲셩ᄒᆞ니라

ㅜ는 君군ㄷ字ᄍᆞᆼ 가온ᄃᆡᆺ소리ᄀᆞᄐᆞ니

라

ㅓ는 如ᅀᅧᆼ業업字ᄍᆞᆼ中듕聲셩ᄒᆞ니라

ㅓ는 業업字ᄍᆞᆼ 가온ᄃᆡᆺ소리ᄀᆞᄐᆞ니라

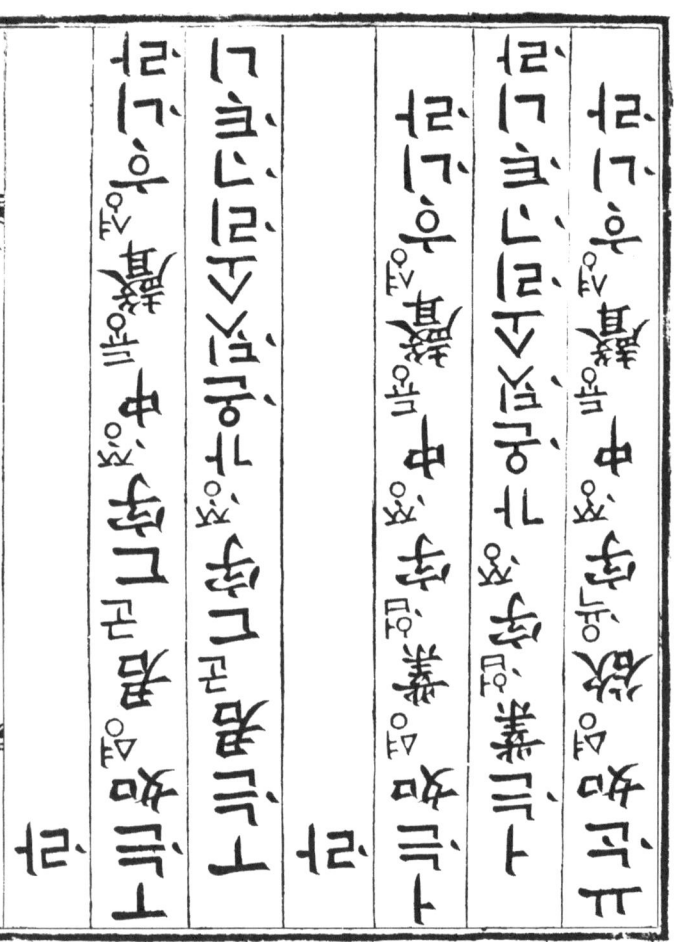

ㅛ는 如ᅀᅧᆼ欲욕字ᄍᆞᆼ中듕聲셩ᄒᆞ니라

ㅛ는 欲욕字ᄍᆞᆼ 가온ᄃᆡᆺ소리ᄀᆞᄐᆞ니라

ㅑ는 如ᅀᅧᆼ穰ᅀᅣᆼㄱ字ᄍᆞᆼ中듀ᇰ聲셩ᄒᆞ니라

ㅑ는 穰ᅀᅣᆼㄱ字ᄍᆞᆼ 가온ᄃᆡᆺ소리ᄀᆞᄐᆞ니
라

ㅠ는 如ᅀᅧᆼ戌슗字ᄍᆞᆼ中듀ᇰ聲셩ᄒᆞ니라

ㅠ는 戌슗字ᄍᆞᆼ 가온ᄃᆡᆺ소리ᄀᆞᄐᆞ니라

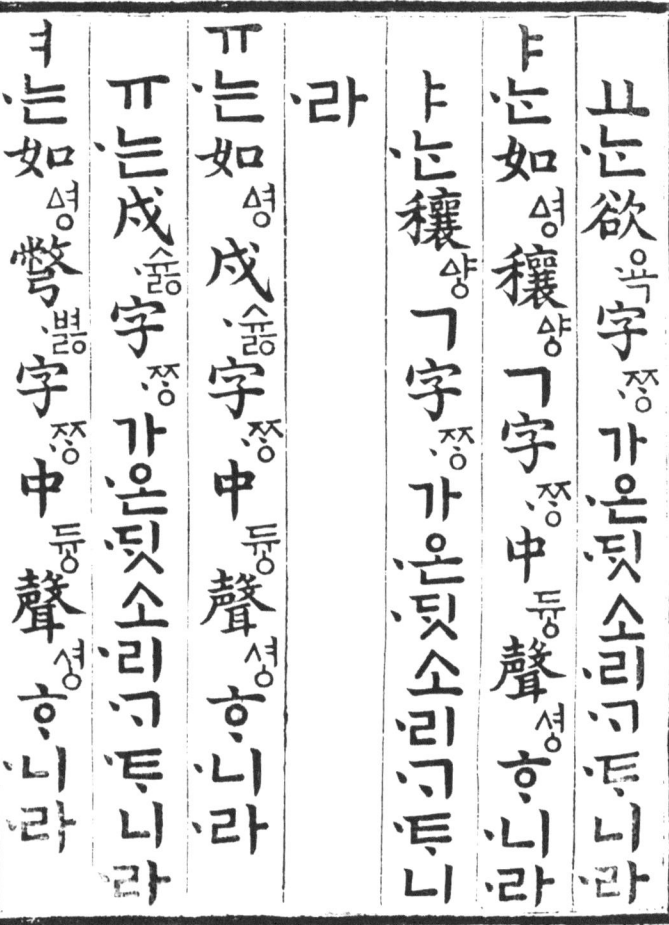

ㅕ는 如ᅀᅧᆼ彆볋字ᄍᆞᆼ中듀ᇰ聲셩ᄒᆞ니라

ㅕ는 彆볋字ᄍᆞᆼ가온딧소리ᄀᆞᄐᆞ니라

終즁聲셩은 復뿧用용初총聲셩ᄒᆞᄂᆞ니

라 復뿧는다시 ᄒᆞ논ᄠᅳ디라

乃냉終즁ㄱ소리ᄂᆞᆫ다시첫소리ᄅᆞᆯᄡᅳ

ᄂᆞ니라

ㅇᄅᆞᆯ連련書셩脣쓘音흠之징下ᅘᅡᆼᄒᆞ면

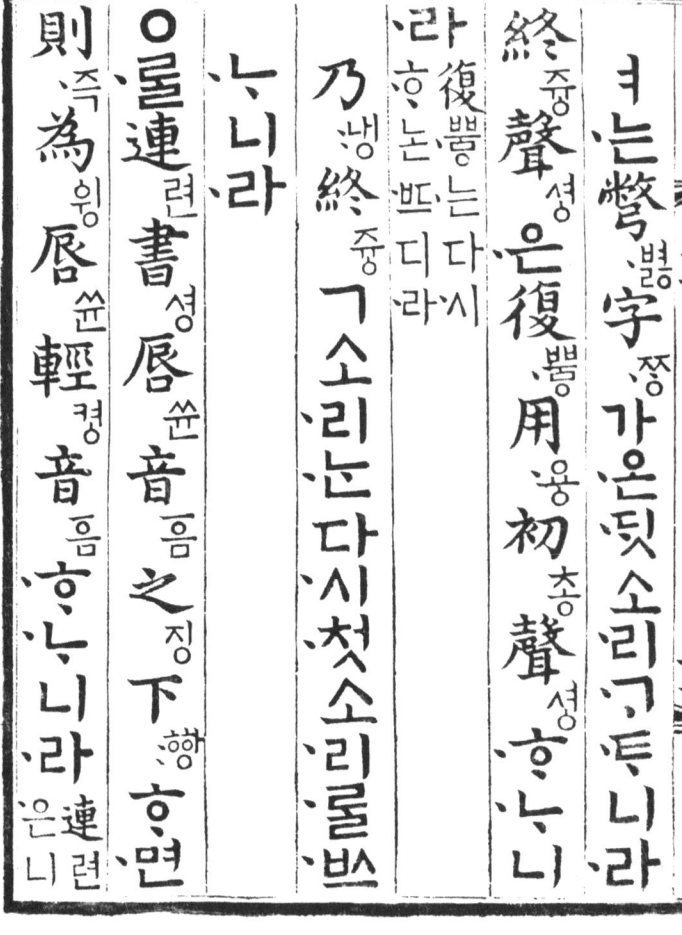

則즉爲윙脣쓘輕켱音흠ᄒᆞᄂᆞ니라 連련은 니

을 씨라 下ᅘᅡᆼᄂᆞᆫ 아래라 則ᄌᆞᆨ은 아ᄆᆞ리 ᄒᆞ면 ᄒᆞᄂᆞᆫ 겨체 ᄡᅳᄂᆞᆫ 字ᄍᆞᆼㅣ라 為윙ᄂᆞᆫ ᄃᆞ욀 씨라 輕켱은 가ᄇᆡ야ᄫᆞᆯ 씨라

ㅇᄅᆞᆯ 입시울쏘리 아래 니ᅀᅥ 쓰면 입시울가ᄇᆡ야ᄫᆞᆫ 소리 ᄃᆞ외ᄂᆞ니라

初총聲셩을 合ᅘᅡᆸ用용ᄒᆞᇙ디면 則즉 並뼝書셩ᄒᆞ라 終즁聲셩도 同똥ᄒᆞ니라

合ᅘᅡᆸ은 어울 씨라 同똥은 ᄒᆞᆫ가지라 ᄒᆞᄂᆞᆫ ᄠᅳ디라

첫소리ᄅᆞᆯ어울워ᄡᅮᇙ디면ᄀᆞᆯᄫᅡ쓰라乃
냉終즁ㄱ소리도ᄒᆞᆫ가지라
ᆞㅡㅗㅜㅛㅠ란附뿡書셩初총聲셩之
징下ᅘᅣᆼᄒᆞ고 附뿡ᄂᆞᆫ브틀씨라
ᆞ와ㅡ와ㅗ와ㅜ와ㅛ와ㅠ와란첫소
리아래브텨쓰고
ㅣㅏㅓㅑㅕ란附뿡書셩於ᅙᅥᆼ右ᅌᅮᇢᄒᆞ라

右ᅌᅮᇢᄂᆞᆫ 올ᄒᆞᆫ녀기라

ㅣ와 ㅏ와 ㅓ와 ㅑ와 ㅕ와란 올ᄒᆞᆫ녀긔 브텨 쓰라

凡뻠字ᄍᆞᆼㅣ 必빓合ᅘᅡᆸ而ᅀᅵ成쎵音ᅙᅳᆷᄒᆞᄂᆞ니 凡뻠은 믈읫ᄒᆞ논 ᄠᅳ디라 必빓은 모로매ᄒᆞ논 ᄠᅳ디라 成쎵은 일씨라

믈읫 字ᄍᆞᆼㅣ 모로매 어우러ᅀᅡ 소리 이ᄂᆞ니

左장加강一힗點뎜ᄒᆞ면則즉去컹聲셩

·이·오 左장ᄂᆞᆫ 왼녀기라 加강ᄂᆞᆫ 더을씨라 一힗ᄋᆞᆫ ᄒᆞ나히라 去컹聲셩ᄋᆞᆫ ᄆᆞᆺ노ᄑᆞᆫ소리라

·왼녀·긔 ᄒᆞᆫ點뎜·을 더으·면 ·ᄆᆞᆺ노ᄑᆞᆫ소·리·오

二싱則즉上썅聲셩·이·오 二싱ᄂᆞᆫ 둘히라 上썅聲셩ᄋᆞᆫ 처ᅀᅥ미 ᄂᆞᆽ갑고 乃냉終즁·이 노ᄑᆞᆫ소리라

點뎜이 둘히면 上썅聲셩이오

無뭉則즉平뼝聲셩이오 無뭉는 업슬씨라 平뼝聲셩은 ᄆᆞᆺ ᄂᆞᆺ가ᄫᆞᆫ 소리라

點뎜이 업스면 平뼝聲셩이오

入십聲셩은 加강點뎜이 同똥而싱促쵹急급ᄒᆞ니라 入십聲셩은 ᄲᆞᆯ리 긋돋ᄂᆞᆫ 소리라 促쵹急급은 ᄲᆞᄅᆞᆯ 씨라

入십聲셩은 點뎜 더우믄 ᄒᆞᆫ가지로ᄃᆡ

ᄲᅧᄅᆞ니라

漢한音흠齒칭聲셩은 有웋齒칭頭뚷正

졍齒칭之징別볋ᄒᆞ니 漢한音흠은 中듕國귁소리라 頭뚷

ᄂᆞᆫ 머리라 別볋은 ᄀᆞᆯᄒᆡᆯ 씨라

中듕國귁 소리옛 니쏘리ᄂᆞᆫ 齒칭頭뚷

와 正졍齒칭왜 ᄀᆞᆯᄒᆡ요미 잇ᄂᆞ니

ᅎᅔᅏᄼᄽ字ᅏᆼᄂᆞᆫ 用용於헝齒칭頭뚷

ᄒᆞ고 이 소리ᄂᆞᆫ 우리나랏 소리예셔 열ᄫᅳ니 혓그티 웃닛머리예 다ᄔᆞ니라

ᅎᅔᅏᄼᄽ 字ᄍᆼ ᄂᆞᆫ 齒칭頭뚷ㅅ 소리

예 ᄡᅳ고

ᅐᅕᅑᄾᄿ 字ᄍᆼ ᄂᆞᆫ 用용於헝 正졍齒칭

ᄒᆞᄂᆞ니 이 소리ᄂᆞᆫ 우리나랏 소리예셔 두터ᄫᅳ니 혓그티 아랫닛므유메 다ᄔᆞ니라

ᅐᅕᅑᄾᄿ 字ᄍᆼ ᄂᆞᆫ 正졍齒칭ㅅ 소리

예ᄡᆞᄂᆞ니

牙앙舌쎠ᇙ脣쓘喉ᅘᅮᇢ之징字ᄍᆼ는通통用용於ᅙᅥᆼ漢한音음ᄒᆞᄂᆞ니라

엄과혀와입시울와목소리옛字ᄍᆼ는

中듕國귁소리예通통히ᄡᆞᄂᆞ니라

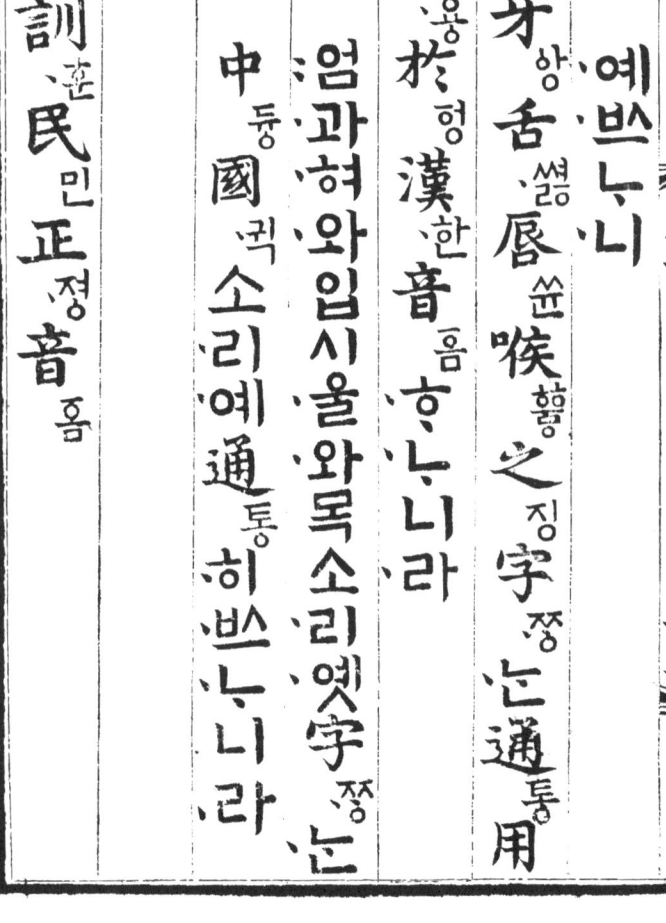

訓훈民민正졍音음

훈민정음 언해본

초판 발행 2025년 10월 9일
지은이 세종·세조 외
옮긴이 김슬옹 | 펴낸이 정은영 | 펴낸곳 마리북스
ISBN 979-11-93270-41-7 (02710)